タカコ・ナカムラ

塩麹《こうじ》と甘酒のおいしいレシピ

料理・スウィーツ・保存食
麹のある暮らし

本書の使い方

■分量について
・大さじ1は15cc、小さじ1は5ccです。
・「塩麹」、「甘酒のもと」はいずれも、大さじ1=24g、
小さじ1=8gです。
・1カップは200ccです。

■材料について
<麹>
レシピ中の「麹」はすべて「米麹」を使います。米麹は麹屋のほか、スーパーマーケットの酒粕や豆腐、漬物売り場などや、インターネットで販売されています。
<砂糖>
素材の持ち味を生かすため、次のように使い分けています。
・粗製糖…さとうきびが原料で化学的処理をせずに精製した砂糖。料理全般に使えます。
・果糖…浸透圧が高いので、下味付けや漬物に使うと早く味がしみて、熟成期間を短縮できます。
・メープルシロップ…たれやドレッシングを作る際に使うと、加熱しなくても溶けやすく便利です。蜂蜜を使ってもよい。
<野菜>
とくに指示がない限り、皮はむかないで使います。

■あると便利な道具
・温度計：甘酒のもと作りで使います。60°C以上に加熱し続けると麹の酵素の活性が失われるので、温度を上げすぎないように注意するためです。
・すり鉢：すりつぶす以外に、材料を混ぜ合わせる際に使うとプラスチックのボウルよりからみやすい。そのまま食卓に出しても見劣りしないので便利です。
・スプレーボトル：下味付け用には、料理酒をボトルに入れてスプレーするだけで十分。使いすぎないための工夫です。

はしがき

塩麹と甘酒で麹のある暮らしを

麹は「さしすせそ」に続くもうひとつの調味料です。

麹は、味噌や醤油、日本酒などを醸す材料としてだけでなく、日々の料理をとびっきりおいしくしてくれる力をもっているのです。

毎日の料理に麹をもっと手軽に使いたい。

おいしい発酵食を食べ続けたい。

そこでこの本では、手軽に作れる発酵調味料「塩麹」と「甘酒」を使ったレシピを紹介します。特別な道具はいりません。いつでも誰でも、すぐに始めることができます。

台所に麹のある暮らしは、おのずと、料理をすることの楽しさにも気づかせてくれるでしょう。また麹を大切に思うことは、発酵食を愛するだけでなく、農業を守ることへもつながります。

この本をきっかけに、日本のすばらしい発酵食文化を支える麹を、楽しく暮らしに取り入れていただけたら、とてもうれしいです。

２０１１年２月

タカコ・ナカムラ

【目次】

塩麹を使う

麹と塩麹のたれ・保存食

甘酒を使う

麹使いの職人たち

麹Lesson
―こうじって何?

塩麹と甘酒はお手軽な発酵調味料

この本でご紹介する塩麹と甘酒は、すぐに作れる麹調味料です。特別な道具はいりません。塩麹は麹と塩と水を混ぜるだけ。甘酒は炊飯器で作れます。味噌や醤油を仕込むことにくらべると、とても短期間で手軽にできます。

そして何よりの魅力が、そのおいしさです。塩麹は、塩と酒を足した天然のうま味調味料のよう。甘酒は自然なやさしい甘味があります。そしてどちらも素材のうま味を引き出してくれる力をもっています。麹調味料をプラスすることで、料理全体の味が、ぐっと深まるのです。

麹がおいしさのもとを作る

麹は、麹菌（＊1）というカビを、蒸した穀類や豆類に生やした加工食品です。米に生やすと米麹、麦に生やせば麦麹になります。麹は、塩麹や甘酒作りにはもちろん、味噌、醤油、酢などの基礎調味料や日本酒、麹漬けなどの発酵食品には欠かせない材料です。

麹菌は穀類や豆類に生えるときに「酵素」を出します。酵素はおもに2種

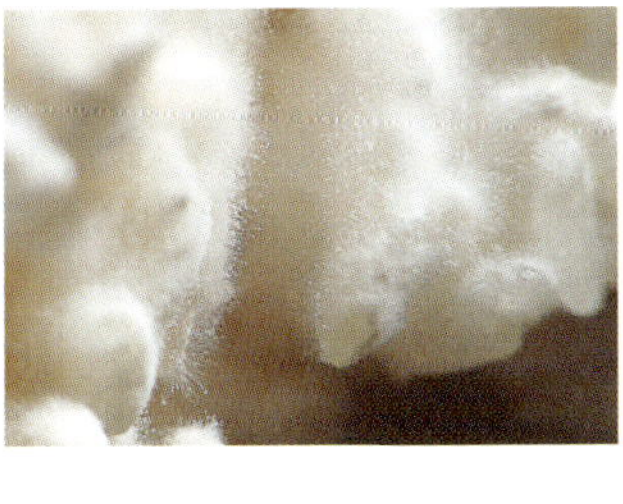

米麹の「花」。菌糸と胞子に包まれると花に見えることから、米麹は「糀」とも書く（写真 田中康弘）

＊1　コウジカビ。学術名はアスペルギルスオリゼー、和名は黄麹。

類あり、1つはデンプンを糖に分解するアミラーゼという酵素で、甘味を生み出します。2つめはタンパク質をアミノ酸に分解するプロテアーゼという酵素で、うま味を生み出します（*2）。

麹は活性化した酵素そのものといえます。だから麹を食材と合わせるとおいしくなりますし、その後の発酵がスムーズにすすむための土台も作られるのです。

ちなみに麹菌にはさまざまな種類があり、条件によってどちらの酵素を多く作り出す菌になるのかも違ってきます。だからプロの醸造家は、この特性を知った上で麹菌を選んで麹を作り分けています。例えば、米で作る日本酒にはアミラーゼ酵素が多い麹菌が向いていますし、大豆で作る味噌や醤油にはプロテアーゼ酵素が多い麹菌が合うというわけです。

麹菌は日本ならではの〝国菌〟

麹菌のようなカビを使って発酵食品を作る文化は、世界的にも日本を含めた東アジアや、インドネシア周辺の東南アジアなど、高温多湿な地域のみに生み出されたものです。例えば中国や東南アジアでは、小麦粉やもち粉、コウリャン粉、トウモロコシ粉などを生のまま固めて「クモノスカビ」

*2　麹の酵素の働き
（例：味噌ができるまで）

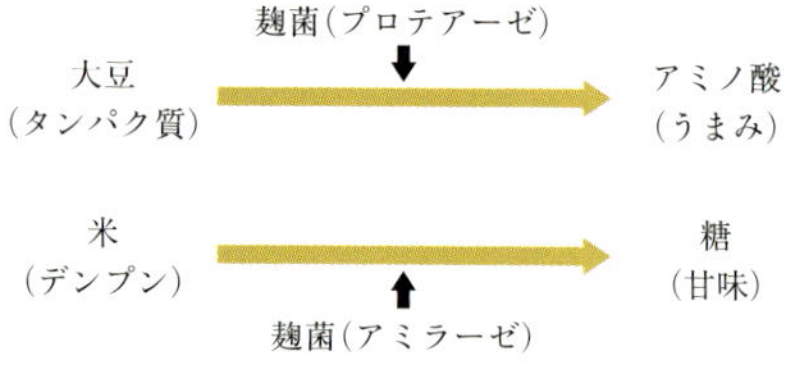

や「ケカビ」を繁殖させ、もち状の麹を作り、マッコリや紹興酒などを仕込みます。

なかでも麹菌は世界に唯一無二の菌で、日本の環境でしか増やせない特別な菌なのです。日本醸造学会では、麹菌を「国菌」（＊３）と定めています。つまり日本の麹菌を使った味噌や醤油などは世界に誇れるスーパー発酵食品であり、麹菌で作る麹は日本の味の要なのです。

麹の歴史は古く、約１１００年前の平安時代に書かれた『延喜式』の酒造りに関する一節には、すでに麹のようなものを扱う技術があったことが記されています。現在では食材としてだけでなく、麹のさまざまな機能が認められています。例えば、麹は消化吸収力をアップして腸内の有用微生物を増やすことや、動脈硬化の予防の働きもあることが分かってきています。インフルエンザやＯ-１５７などの感染症にも麹菌は有効といわれ、抗生物質などの医薬品や、美肌効果のある化粧品にまで幅広く活用されています。麹は人間の健康を守る、食の世界遺産ともいえるのです。

麹は日本の自然と田んぼが好き

麹を作る麹菌は「種麹《たねこうじ》」として種麹屋から買うことができます。種麹を

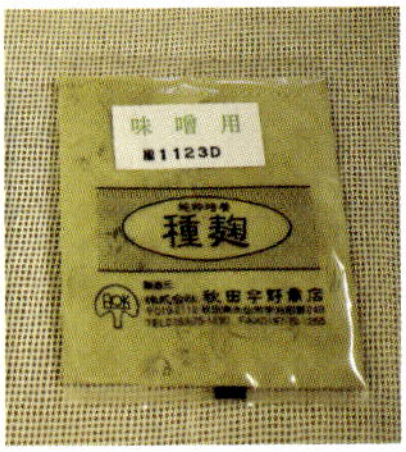

味噌・醤油用に販売されている種麹

＊３　同じ国菌として、大豆麹菌（おもに醤油用）、泡盛黒麹菌（泡盛用）、白麹（黒麹菌の白色変異株。焼酎用）がある。

醸造業界では「もやし」といい、種麹屋を「もやしや」とも呼びます。麹菌が芽を出して白い菌糸をどんどん伸ばし、まるで木々が芽吹いているように見えることから、「萌える」という言葉を語源としたともいわれています。

ところでこの日本特有の麹菌はもともとどこにいるものなのでしょうか。麹菌は日本の気候や風土が大好きで、とくに田んぼの稲穂につくといわれています。秋の稲刈り前に、たわわに実った稲穂に大豆大の「稲麹」がつくことがあるのです。明治時代の頃までは、麹屋はこの稲麹を持ち帰り、種麹として使っていたといわれています。

この稲麹、かつては豊作のしるしとして、ありがたいものとされていましたが、現在は、稲麹はモミを黒くさせると嫌われ、病気とされていることが一般的です。また農薬を使う田んぼには、当然ながら稲麹はつかないそうです。

種麹屋や麹屋は、その地域の種麹を使い、土地で採れた米や麦で麹を作っていました。そしてそれぞれの家庭で、味噌や甘酒、風土に合った発酵食品が作られ、楽しまれてきたのです。昭和20年代に全国で40軒ほどあった種麹屋は、現在わずか10軒ほど。みんなにとって身近だったはずの地元の麹屋も消えつつあります。売られている種麹も、ほとんどが純粋培養したもので、一定の品質のものです。時代とともに、麹を効率よく作ること

稲穂についた稲麹
（写真 倉持正実）

や、安定した生産のために、いまの均質な種麹へと推移していったと思われます。

発酵食品の要である麹が稲穂から生み出され、麹菌は農薬を使わない田んぼに発生することからも、食と農業は密接に関係していることがわかります。私たちが麹を使って調味料や保存食、発酵食品を作り、次の世代へ伝えて守っていくことと、持続可能な農業を続けていくことはつながっているのです。これはとても大切なことなのです。

麹の種類と保存について

「生麹」と「乾燥麹」について

生麹は完成したそのままのものでふっくらしており、日持ちは限られますがそのまま使えます。乾燥麹は生麹を乾燥させたもので、酵素の働きは変わりません。日持ちはしますが、シンがあるので用途によってはお湯で戻して使います。この本のレシピでは戻さなくても使えます。

板状と粒状の麹の違い

完成したばかりの麹は、固まり(板状)になっています。これを使いやすいように生麹や乾燥麹をバラバラにした粒状の麹も販売されています。味に変化はありません。

麹の保存法

生麹は麹菌が成長している状態なので、常温に置くと胞子がついて風味が悪くなります。冷蔵で保存し1カ月ほどで使い切りましょう。納豆菌とは相性が悪いため、納豆の近くに一緒には置かないこと。長い期間や夏を越す場合は冷凍し、自然解凍して使います。冷凍しても酵素の働きは変わりません。

塩麹を使う

麹、塩、水を合わせるだけで作れる塩麹は
野菜や魚の漬け床として、
日本各地で使われてきました。
塩味とうま味をあわせもち、
素材の持ち味を活かす調味料やたれとして、
洋・和・エスニックなどの普段料理にも
幅広く活躍します。

塩麹をそだてる

麹はかたまりをよくほぐしてから塩と合わせましょう。
シンプルな材料だけに、塩はよい自然海塩を選びましょう。
日持ちがするので、まとめて作っておくと便利です。

{材料}

麹(生)…300g
塩…100g
水…300〜350cc(乾燥麹は吸水しやすいので、さらに水を加えて調整する)

1 ボウルに麹を入れて手でほぐし、塩を入れて、全体を手でよくすりもんで混ぜる。

2 1に水をひたひたになるまで入れて混ぜ、保存容器に移し、常温で1週間〜10日おく。全体がよくなじむよう、毎日1回かき混ぜて空気を入れる。

3 麹がほどよく溶け、塩角がとれてまろやかになったら完成。冷蔵で保存し、3カ月を目安に使い切る。

※古くなるとだんだん黄色っぽくなるが、味には影響ない。

塩麹
【洋の皿】

ホタテのカルパッチョ

ブルスケッタ

ホタテのカルパッチョ

塩麹をソースにプラスするだけで、魚介のうま味がぐっと増します。
素材を生かすシンプルな料理にこそ、発酵食を使いたい。

{材料} 2人分

ホタテの貝柱(刺身用)…4個
玉ねぎ(みじん切り)…大さじ2
ルッコラ…適量
ソース
　ゆず果汁…大さじ1
　エクストラバージンオリーブ油…大さじ1
　塩麹(p11)…小さじ2
　塩、こしょう…少々

{作り方}

1 ホタテは薄く切り、皿に並べる。
2 ボウルに玉ねぎとソースの材料を入れ、よく混ぜる。
3 1に2のソースをかけ、ルッコラをあしらう。

※2にイタリアの発酵食・アンチョビを刻んで混ぜるとさらにおいしくなる。

ブルスケッタ

おいしいトマトが手に入ったらぜひ、塩麹と和えてみましょう。
絶妙な組み合わせでトマトの甘さが引き立ちます。

{材料} 2人分

プチトマト…8個
玉ねぎ…1/6個
塩麹(p11)…小さじ1
オリーブ油…大さじ2
塩、こしょう…少々
バゲット…4切れ
にんにく…1かけ
バジルリーフ…適量

{作り方}

1 トマトはさいの目に切り、玉ねぎはみじん切りしておく。
2 ボウルに1と塩麹を入れ、オリーブ油を加えてよく和え、塩、こしょうで味を調える。
3 オーブントースターで焼いたバゲットににんにくをすりこみ、2をのせる。バジルを飾る。

※好みで2をフライパンで炒め、バゲットにのせてもおいしい。

塩麹の豆サラダ

塩麹は料理全体の味のバランスを調える、すぐれた調味料。
ドレッシング作りでは、とくに重宝します。

{材料} 2人分

ひよこ豆、金時豆…合わせて1カップ
にんじん…1/2本
さやいんげん…5本
きゅうり…1/2本
紫玉ねぎ…1/4個
イタリアンパセリ(みじん切り)…適量
塩麹ドレッシング
- オリーブ油…1/4カップ
- りんご酢…大さじ2
- オレンジジュース…小さじ4
- **塩麹**(p11)…小さじ2
- 白醤油(または淡口醤油)…小さじ1
- メープルシロップ…小さじ1

塩、こしょう…適量

{作り方}

1 ボウルに塩麹ドレッシングの材料を全て入れて、よく混ぜる。
2 豆をやわらかくなるまでゆで、水気を切りボウルに入れ、熱いうちに1で和える。
3 にんじん、さやいんげんはさっとゆでる。全ての野菜をキューブ状に切る。
4 2に3とパセリを加え、全体を混ぜ、塩、こしょうで味を調える。

塩麹ドレッシング

ラタトィユ

プチトマトと塩麹で味付けすると、他の野菜の持ち味も生きてきます。
野菜をそれぞれきちんと炒めることがおいしさのポイント。

{材料} 4人分

玉ねぎ…1/2個
なす…2本
セロリ…1/2茎
赤ピーマン…1個
エリンギ…4本
プチトマト…10個
にんにく…1かけ
オリーブ油…大さじ2
塩麹(p11)…大さじ2
オレガノ(ドライ)…少々
塩、こしょう…少々

{作り方}

1 にんにくはみじん切り、玉ねぎはくし切り、なす、セロリ、ピーマン、エリンギは乱切りする。
2 鍋にオリーブ油とにんにくを入れて弱火にかけ、香りを出す。
3 玉ねぎを入れて炒め、その他の野菜も順次加えて丁寧に炒める。最後にプチトマトを加え、蓋をしてごく弱火で10分煮る。
4 塩麹とオレガノを加え、5分ほど煮て全体を混ぜる。塩、こしょうで味を調える。

アラビアータ

トマトソースをおいしく作るには、塩麹の力を借りましょう。
いつものアラビアータがきりっと引き締まります。

｛材料｝ 2人分

トマト水煮…1缶(400g)
玉ねぎ…小1個（みじん切り）
ショートパスタ…150g
にんにく…1かけ（みじん切り）
オリーブ油…大さじ2
唐辛子の輪切り…適量
塩麹(p11)…40g
塩、こしょう…少々

｛作り方｝

1 鍋に、オリーブ油とにんにくを入れて火にかけて香りを出し、唐辛子の輪切りを入れ、玉ねぎを炒める。
2 1にトマト水煮と塩麹を加え、中火にかけて煮詰める。
3 鍋にたっぷりの水を入れ、沸騰したら塩（分量外）を加え、指定の時間パスタをゆでる（ゆで汁は少しとっておく）。
4 3の水気を切り、2へ入れてよくからめる。水気が足りない場合はゆで汁を加えて全体を和える。塩、こしょうで味を調え、器に盛る。

※好みでツナやベーコンなど加えてもよい。

塩麹
【和の皿】

魚麹味噌の卵かけご飯

冷や汁

魚麹味噌の卵かけご飯

大分県の魚味噌・ごまだしをイメージして、塩麹をプラス。
思わずご飯をおかわりしたくなるおいしさです。

｛材料｝

魚麹味噌(作りやすい分量)

- カマス…2尾(または好みの魚。青魚でも白身魚でもよい)
- 料理酒…大さじ1
- **塩麹**(p11)…大さじ2

A
- 醤油…大さじ3と1/3
- 炒り白ごま…1/3カップ
- 麦味噌…大さじ2
- 生姜のすりおろし…少々

炊きたてのご飯…茶碗1杯分
卵…1個

｛作り方｝

1 3枚におろしたカマスに料理酒をスプレーし、塩麹を塗りつけビニール袋に入れて一晩おく(写真下)。
2 塩麹を手でおとしてグリルで焼く。身をとりほぐす。
3 すり鉢に2とAを入れてすり混ぜる。ご飯に卵を割ってのせ、3を好みの量加え、よく混ぜていただく。

冷や汁

暑くて汗をかいても食欲のないときの、夏バテレスキューメニュー。
良質の塩分と水分を、同時に補給できます。

｛材料｝ 2人分

A
- きゅうり…1本
- みょうが…2個
- しそ…8枚

魚麹味噌(上記)…適量
塩麹(p11)…小さじ2
すり白ごま…小さじ1
冷水…2カップ程度
ご飯…茶碗2杯分

｛作り方｝

1 Aを全て細切りにする。
2 すり鉢に魚麹味噌と塩麹を入れ、冷水で好みの味にとき、1とすりごまを加える。
3 ご飯に2をかけていただく。

塩麹だしのしゃぶしゃぶ

塩麹のおいしさがわかる一品。余分な調味料は何もいりません。
野菜は加熱が短くて済むものがおすすめです。

{材料} 4人分

魚(ブリやタイなど)の薄切り…適量
油揚げ…2枚
せり…1束
かいわれ大根…1パック
かつお昆布だし*…4カップ
塩麹(p11)…大さじ4
料理酒…大さじ1
好みで塩、ポン酢…適量

{作り方}

1 油揚げは三角に切る。せりは洗って8cmほどに切る。
2 土鍋にかつお昆布だし、塩麹、酒を入れて煮たてる。
3 油揚げは少し煮てから、魚や野菜は軽くしゃぶしゃぶにして引き上げる。好みで塩やポン酢でいただく。

*かつお昆布だしのとり方

鍋に水1ℓ、料理酒少々、昆布10gを入れて2時間～ひと晩浸けておく(急ぐ場合は弱火にかけ30分ほど煮てもよい)。昆布をとり出し、かつお節20gを入れて火にかける。吸い物用などかつおの香りを楽しむ場合は、沸いたらすぐに火をとめて漉す。

豆腐の麹田楽

混ぜるだけの麹田楽味噌は、ご飯や和え衣にもぴったり。
杉板に塗って焼くだけでも、お酒のお供になります。

{材料} 4人分

木綿豆腐(厚揚げでもよい)…1丁
麹田楽味噌
- 合わせ味噌…大さじ4
- 長ねぎ…1/2本
- くるみ…50g
- **塩麹**(p11)…小さじ2
- みりん…大さじ1

木の芽…適量

{作り方}

1 木綿豆腐は重しをして水気を切っておく(厚揚げの場合は必要ない)。横に切り、さらに4つに切る。
2 長ねぎとくるみはみじん切りしておく。
3 すり鉢に2と味噌、塩麹、みりんを入れて混ぜる。
4 豆腐の上面に3の味噌を塗って串をさし、グリルで7～8分味噌がほんのり焦げるまで焼く。木の芽を添える。

塩麹マヨネーズの焼きいなり

塩麹で豆腐マヨネーズを作るとコクがでて、
和え衣やドレッシングとして、料理を深い味わいに仕上げます。

{材料} 4人分

油揚げ…2枚
キャベツ…2枚
玉ねぎ…1/4個
にんじん…1/3本
豆腐の塩麹マヨネーズ(作りやすい量)
- おぼろ豆腐…1個
- オリーブ油…1/4カップ
- ゆず(またはレモン)果汁…大さじ2
- **塩麹**(p11)…大さじ1
- メープルシロップ…小さじ2

塩、こしょう…適量

{作り方}

1 おぼろ豆腐はざるに入れて軽く水を切っておく。
2 野菜は細切りし、塩麹(分量外)少々をまぶし、水気をよく絞ってボウルに入れておく。
3 ボウルに1の豆腐と、マヨネーズの他の材料を全て入れてハンドミキサーにかける。2へ大さじ2ほど入れて和える。
4 油揚げを半分に切り、開いて3を詰め、楊枝で口を止める。フライパンで両面をきつね色になるまで焼く。

豆腐の塩麹マヨネーズ

根菜のお煮しめ

素材の味を生かす煮しめは、塩麹で仕上げるのがおすすめ。
きちんととっただしと合わせれば、うま味も十分です。

{材料} 4人分

大根…1/5本
ごぼう…1本
にんじん…2/3本
れんこん…1節
里芋…2個
玉ねぎ…1/2個
こんにゃく…1/2枚
さやいんげん…2本
ごま油…適量
かつお昆布だし(p23)…適量
塩麹(p11)…大さじ2
みりん…大さじ2
白醤油(または淡口醤油)…少々

{作り方}

1 里芋は皮をむいてくし切りに、さやいんげんはボイルして斜め切り、その他の野菜は乱切りにする。こんにゃくは塩ゆでしてスプーンでそぎ切りにする。
2 鍋に油を入れ、ごぼうを入れて炒めてから、さやいんげん以外の野菜とこんにゃくを順次加えて丁寧に炒める。
3 かつお昆布だしをひたひたに入れて、塩麹を加え、蓋をして強火にかける。沸いたら、弱火にして野菜に火が通るまで煮る。
4 みりんを加えて煮含める。仕上げに白醤油を回し入れて混ぜ、火を止める。さやいんげんを入れていろどりよく盛りつける。

小豆かぼちゃ

小豆とかぼちゃは腎の働きを助け、むくみや水分代謝をうながす、
養生食の横綱。塩麹でさらに味に深みが出ます。

{材料} 作りやすい分量

小豆…150g
かぼちゃ…400g
昆布…5cm角
水…適量
料理酒…小さじ1/2
差し水…適量
塩麹(p11)…小さじ2

{作り方}

1 小豆は洗っておく。昆布は5cm角にハサミで切る。かぼちゃはわたを取ってひと口大に切る。
2 鍋に小豆と昆布を入れ、水を小豆から2cm上まで入れ、酒を加える。火にかけ沸いてきたら蓋をして差し水をしながら、弱火にして小豆がやわらかくなるまで1時間ほど煮る。
3 かぼちゃを2に入れる。その上に塩麹を入れて蓋をして、さらに15分ほど煮汁が少なくなるまで煮る。

れんこんボール

粘膜を強くしてくれるれんこん。風邪や花粉のシーズンは欠かせません。
ふんわり、もっちりした口当たりで、いくらでも食べられそう。

{材料} 4人分

れんこん…1節
玉ねぎ…1/4個
椎茸…2枚
小麦粉(強力粉)
　…すりおろしたれんこんの1/4量
塩麹(p11)…大さじ2
おつゆ麩…適量
揚げ油…適量

{作り方}

1 れんこんは洗ってすりおろす。余分な水分は捨てる。玉ねぎ、椎茸はみじん切りにする。
2 1に麩を手でほぐしながら混ぜる。小麦粉を加え(ゆるい場合は小麦粉や麩を足す)、よく混ぜて塩麹、こしょうで味を調える。
3 ボール状に丸め、中温の油で素揚げする。

※鍋やしゃぶしゃぶの具にしてもおいしい。

枝豆の冷製スープ

「生クリーム入ってる?」と必ず聞かれるスープ。
シンプルな材料ながら、コクを出し満足感のある味に調えるのが塩麹です。

{材料} 4人分

枝豆(ゆでてむいたもの)…1カップ
おぼろ豆腐…1/2個
昆布だし*…1カップ程度
塩麹(p11)…小さじ2
ミント葉…適量

{作り方}

1 枝豆は塩ゆでし、さやから実を取り出しておく。
2 ミキサーに枝豆、豆腐を入れ攪拌し、昆布だしを注ぎかたさを調整する。
3 塩麹を加えて味を調え、冷やしたグラスに注ぐ。ミントを添える。

*昆布だしのとり方

鍋に水1ℓ、料理酒少々、昆布10gを入れて2時間〜ひと晩おく(急ぐ場合は弱火にかけ30分ほど煮てもよい)。火にかけ、煮立つ前に昆布を取り出す(80°C以上ではだしが出ない)。

塩麹
【エスニックの皿】

汁なしビーフン

テンペ入り生春巻きと塩麹だれ

汁なしビーフン

ナンプラーもれっきとしたアジアの発酵調味料。
そこに塩麹をプラスすると、うま味がぐんとアップします。

｛材料｝ 2人分

玄米ビーフン(乾)…1玉(40g)
エビ(無頭)…6尾
玉ねぎ…1/4個
長ねぎ…1/2本
もやし…50g
基本のタイ風塩麹だれ
- ナンプラー…大さじ1
- レモン汁…小さじ2
- **塩麹**(p11)…小さじ1
- メープルシロップ…小さじ1
- すりごま…適量
- 刻んだ香菜…適量

赤唐辛子粉…少々
ごま油…適量

｛作り方｝

1 玄米ビーフンは熱湯をかけて戻し、水気を切り、ごま油（分量外）を少々まわしかけておく。
2 エビは背ワタをとりゆでる。玉ねぎはスライスし、長ねぎは細切りする。もやしは熱湯をかける。
3 ボウルに基本のタイ風塩麹だれの材料、赤唐辛子粉、ごま油を入れて混ぜる。
4 器に1と2を盛り、3のたれをまわしかけていただく。

テンペ入り生春巻きと塩麹だれ

基本のタイ風塩麹だれをベースに、唐辛子や生姜などを加えれば、
さまざまなエスニックなたれを作れます。

｛材料｝ 4人分

玄米ビーフン(乾)…1/2玉(20g)
テンペ*…100g
ごま油…適量
きゅうり…1/2本
紫玉ねぎ…適量
香菜…適量
ライスペーパー…5枚
A
- 基本のタイ風塩麹だれ(汁なしビーフン参照)…上記の全量
- 赤唐辛子の輪切り…少々
- 生姜しぼり汁…少々

*大豆などをテンペ菌で発酵させた発酵食品。

｛作り方｝

1 玄米ビーフンは熱湯をかけて戻し、水気を切る。きゅうりは細切り、玉ねぎはスライスする。テンペは細く切り、フライパンにごま油をひいて炒める。
2 ボウルにAを入れて混ぜる。
3 水にくぐらせたライスペーパーをキッチンペーパーにのせ、余分な水気を切る。
4 3に1と香菜をおいてしっかりと巻く。2のたれにつけていただく。

なすのババガヌシュ

中近東のディップですが、全国のどの品種のなすを使ってもおいしいです。
パーティーメニューやサンドウィッチの具にしても喜ばれます。

{材料}

なす…4本

A
- 白ごまペースト…大さじ3
- レモン汁…大さじ1
- **塩麹**（p11）…小さじ1
- 酒…小さじ1/2
- にんにく…1かけ（皮をむく）
- こしょう…適量

パセリのみじん切り…適量
オリーブ油…適量
コーンチップ…好きなだけ

{作り方}

1 なすは、フォークで穴を数ヵ所突き刺し、200°Cのオーブンで15〜20分焼く。
2 皮をむいて中身をとり出す（ビニール袋に入れてしばらくおくとむけやすくなる）。
3 2とAをフードプロセッサーにかける。
4 器に盛り、パセリとオリーブ油をトッピングする。コーンチップにつけていただく。

じゃがいもの塩麹チヂミ

お手軽な韓国料理。ここでは塩麹の代わりにマッコリを入れても美味。
ニラやイカを加えるとおもてなし料理にも使えます。

{材料} 2人分

じゃがいも(男爵)…大2個
小麦粉…大さじ2
塩麹(p11)…小さじ1
料理酒…少々
キムチ…適量
万能ねぎ…1本
ごま油…適量(少し多めに使うと焼きやすい)

{作り方}

1 じゃがいもは皮をむいてすりおろす。
2 ボウルに1を入れ、小麦粉、塩麹、酒を加えて混ぜる。
3 鉄鍋(またはフライパン)に油をひき弱火にかけ、2の生地を流し入れる。
4 キムチをのせて、両面をこんがり焼く。器に盛り、斜め切りにしたねぎを散らす。

韓国風のり巻き

酢飯ではなく、塩麹とごま油でご飯を味つけます。
具は日本の巻き寿司より冒険できるのも、この料理の楽しいところですね。

{材料} 4本分

ご飯…2合分
特製合わせだれ
- **塩麹**（p11）…大さじ1
- ごま油…大さじ1
- すり白ごま…適量

卵焼き…卵2個分
にんじん…1/2本
春菊…1/4束
焼きのり…全形4枚

{作り方}

1 合わせだれの材料を合わせ、炊きたてのご飯に加えて全体を混ぜておく。
2 卵焼き、ボイルした春菊とにんじんは細切りにする。
3 巻きすにのりをのせ、1のご飯を1/4量ずつ広げ、好みの具を巻く。巻き終わりはごま油を少々ぬって止め、食べやすい大きさに切り分ける。

※具は野菜のナムル（p58）を巻いてもおいしいです。

麹と塩麹のたれ・保存食

麹はそのものに甘味やうま味があり、
調味料などに麹を加えると、
味に深みが出ておいしくなります。
また麹や塩麹は、食べものをより長く
日持ちさせる発酵食品作りには欠かせません。
日本のあちこちで行なわれてきた、
食べつなぐ技です。

麹のたれ

なんば麹醤油

夏、青唐辛子が出たら
必ず作るのがこの麹醤油。
ピリッとパンチの効いた
アジア料理に便利です。
わが家で一番人気のたれです。

｛材料｝

醤油…1カップ
麹…1/3カップ
青唐辛子（なんば）…5〜6本

｛作り方｝

青唐辛子は刻んで、麹とともに醤油と混ぜ合わせる。

※翌日から使える。冷暗所で半年保存できる。

麹醤油チャーハン

｛材料｝

玄米ご飯…2杯分
A
- 長ねぎ…1本
- ピーマン…1個
- エリンギ…2個

ごま油…大さじ1
塩、こしょう…少々
なんば麹醤油…大さじ2
香菜…適量（刻む）
炒り白ごま…適量

｛作り方｝

1 Aは細かく刻む。フライパンにごま油をひき、長ねぎを炒め、その他も順次加えて丁寧に炒める。塩、こしょうをする。
2 ご飯を入れて炒め、全体になじんだらなんば麹醤油を入れてさらに炒める。皿に盛り、ごまと香菜をトッピングする。

ゆずこしょう麹醤油

九州の名産ゆずこしょうは、山口県出身の私にとって小さいときから食卓に欠かせないものでした。香りと辛味のアクセントに。

｛材料｝

醤油…1カップ
麹…1/3カップ
ゆずこしょう＊…好きなだけ
＊ゆずと唐辛子、塩を合わせた辛味調味料

｛作り方｝

材料を全て混ぜ合わせる。
※翌日から使える。冷暗所で半年保存できる。

焼きそうめん

｛材 料｝

そうめん…2束
長ねぎ…1本
キャベツ…2枚
もやし…1/2袋
ごま油…大さじ1
ゆずこしょう麹醤油…大さじ1
かつお節…適量

｛作 り 方｝

1 長ねぎ、キャベツは細切りする。もやしは水気を切る。そうめんはかためにゆでて冷水で洗い、水気を切る。
2 中華鍋にごま油を入れ1の野菜を炒め、そうめんも加えてさらに炒める。ゆずこしょう麹醤油で味を調えて火を止める。
3 皿に盛り、かつお節をトッピングする。

山椒麹醤油

山椒の実の香りが生き、
かけ醤油として刺身などにも
おすすめの麹醤油です。
山椒の実は初夏に出たとき
まとめて冷凍すると便利。

〔材料〕

醤油…1カップ
麹…1/3カップ
実山椒…好きなだけ

〔作り方〕

実山椒とほぐした麹を、醤油と混ぜ合わせる。

※1週間後から使う。冷暗所で半年保存できる。

冷奴

{材料}

豆腐…1/2丁
かつおぶし…適量
万能ねぎ…適量
生姜のすりおろし…適量
山椒麹醤油…適量

{作り方}

豆腐を切り、器に盛り付ける。刻んだねぎと、かつおぶし、生姜をのせ、山椒麹醤油をかけていただく。

麹白醤油

素材の色を生かす料理に愛用している麹醤油。麹をプラスすることで塩味がまろやかになり、より深い味わいに。

〔材料〕

白醤油（または淡口醤油）…1カップ

麹…1／3カップ

〔作り方〕

材料を全て混ぜ合わせる。

※翌日から使える。冷暗所で半年保存できる。

なすうどん

{材料}

なす…2本

片栗粉…適量

かつお昆布だし(P23)…2カップ

白麹醤油…大さじ2

塩…少々

生姜（細切り）…少々

{作り方}

1 なすは皮をむき、縦に帯状に細く切り、片栗粉をまぶす。

2 お湯を沸かし、1を入れてさっとゆで、冷水にさらす。

3 かつお昆布だしに麹白醤油を加え、塩で味を調える。粗熱がとれたら冷蔵庫で冷やす。

4 2の水気を切って器に盛り、3を注ぐ。薬味を添える。

※熱いままのだしでもおいしい。

麹ラー油

材料は全て植物性。「浜納豆」がコクを出します。

〈材料〉

A
- 長ねぎ（葉）…1〜2本（手で小さくちぎる）
- 韓国唐辛子粉*…大さじ1
- 輪切り唐辛子…適量

浜納豆…大さじ2
ドライ舞茸・ドライにんにく・フライドオニオン…各10g
花山椒…小さじ1
麹…20g
料理酒…少々
ごま油…1カップ

*日本のものと比べて甘味と赤色が強い。

〈作り方〉

1 ボウルにAを入れ、料理酒をスプレーして手でよくもみ込む。
2 鍋にごま油を入れて火にかけ、沸騰前にとめて1に注ぎ入れる。
3 浜納豆は刻み、舞茸とにんにくは手で細かくもみほぐす。
4 2へ3と花山椒、フライドオニオンを加え、粗熱がとれたら麹を加え混ぜる。

※すぐに使える。常温で3カ月保存できる。

ラー油ポテト

〈材料〉

ポテトサラダ
- じゃがいも…4個
- 玉ねぎのスライス…少々
- 塩麹マヨネーズ（P25）、
- **麹ラー油**…各適量

〈作り方〉

1 鍋に皮つきのじゃがいもを水（分量外）とともに入れ、甘味が出るよう沸騰させずにゆでる。やわらかくなったら取り出し、皮をむいてつぶす。
2 粗熱がとれたら玉ねぎを加え、塩麹マヨネーズで和え、麹ラー油をかけていただく。

麹納豆

山形県で教わった、麹と納豆の発酵食品の最強ペア。地元では家庭によって水加減や具が異なりバリエーションも豊富です。朝ごはんのおともに最高！

〈材料〉

- 小粒納豆…100g
- **麹**…100g
- にんじん…1/2本
- 干し椎茸…小4枚
- A
  - 淡口醤油…1/4カップ
  - みりん…1/4カップ
  - 椎茸戻し汁…1/4カップ
  - 料理酒…大さじ1
- 炒り白ごま…適量

〈作り方〉

1. にんじんは細切りしておく。干し椎茸はひたひたの水でひと晩じっくり戻し、戻した椎茸を細切りしておく。
2. 鍋にAと1を入れ、ひと煮立ちさせる。
3. ボウルに移し粗熱がとれたら、麹をほぐしながら入れる。かき混ぜておいた納豆を加え、全体を混ぜ合わせる。白ごまをふりかける。

※すぐに食べられる。冷蔵で1カ月保存できる。

鮭の飯ずし

ご飯と麹と魚で仕込む、北海道の郷土料理。発酵食と酵母パンの料理家・林弘子さんから自身の郷里の味として、教わりました。

〔材料〕

生ザケ(刺身用)…500g
麹…100g
ご飯…茶碗1杯分(200g)
合わせ酢…200cc

合わせ酢の材料
(つくりやすい分量)

米酢…500cc
粗製糖…160g
塩…50g

大根…1/2本(500g)
にんじん…1本(150g)
細切りした生姜…100g
赤唐辛子(輪切り)…小さじ1

〔作り方〕

1 サケは1cm程度のそぎ切りにし、料理酒(分量外)をふきかけておく。

2 鍋に合わせ酢の材料を入れてひと煮立ちさせ、粗熱をとり瓶に入れておく。

3 大根、にんじんをせん切りしボウルに入れ、料理酒と塩(各分量外)をまぶしておき、水気をよく絞る。

4 別のボウルに麹をほぐして入れ、人肌に冷ましたご飯と混ぜ合わせておく。

5 4に生姜、唐辛子、2を分量分、3を入れて混ぜ、漬け床をつくる。

6 漬物容器に5を少し敷き、1を並べ、5をのせてサンドし、これを繰り返す。

7 バネ付き漬物容器を使う場合は、バネをきつくなるまで締める。または中蓋をして2kgほどの重石をのせる。冷暗所でそのまま1カ月ほどおき発酵させる。水が上がってくるがそのままおく(写真左)。

8 具を取り出して十分に水気を切り、保存容器に移して冷蔵で保存。早めに食べきる。

※合わせ酢は常温で保存。寿司酢やマリネ酢としても使える。

塩麹の保存食

イカの塩麹漬け

塩麹の魅力を最も「簡単」かつ「最大限」に味わえるのがこの一品。新鮮なイカであれば、ワタを加えてもおいしいです。日本酒の肴におすすめ。

〔材料〕

イカ（刺身用）…1杯
塩麹（p11）…小さじ1～2
酒…適量
ゆずの皮…適量

〔作り方〕

1 イカの内臓を取り出し、胴は皮をむいて細切りする。足とともに酒をスプレーしておく。

2 塩麹を1に混ぜる。ゆずの皮をおろし金でおろし、全体に和える。すぐに食べられるが、ひと晩おくと味がなじむ。冷蔵で保存し、1～2日で食べきる。

鮭の塩麹漬け

切り身魚に塩麹をまぶすだけで、驚くほどおいしい、冷めてもパサパサしない焼き魚ができます。塩麹は他のどんな魚とも相性がよいので、ぜひお試しを。

〜材料〜

生ザケの切り身…2切れ
塩麹（p11）…大さじ1
酒…適量

〜作り方〜

1 サケを50℃のお湯に放ち、手で表面を洗い、余分な油を洗い流す。水気をふき、酒をスプレーする。

2 塩麹をサケにまぶしてビニール袋に入れ、空気が入らないようにしっかりと包む（写真下）。冷蔵庫でひと晩漬ける。2〜3日おいても味がなじんでおいしい。

3 塩麹を手でぬぐいとり、グリルで焼く。

ガーリック塩麹オイル

イタリアンのガーリックオイルに塩麹を入れてみたら……
あら、ボーノ！ 塩麹は和食だけではなく、
世界の料理をおいしくしてくれるんですね。

材料

にんにく…1個
塩麹（p11）…大さじ1
エクストラバージンオリーブ油…1カップ

作り方

1 にんにくの皮をむき、みじん切りにする。
2 保存瓶に1と塩麹を入れ、オリーブ油を注ぎ入れる。ひと晩おいてなじませてから使う。冷蔵保存して2週間程度で使いきる。

※冷凍保存もできる。フードプロセッサーでペースト状にしておくと、さらに使いやすい。

塩麹のしめ鯖

塩麹のおかげで塩味と酸味がまろやかに。
よい料理酒を使うと、魚に塩麹がさらになじみやすく、臭みもとれます。
これがまた日本酒にぴったりなのです。

〜材料〜

サバ(刺身用)…1尾
塩麹(p11)…魚の10%重
料理酒…適量
A「米酢…1カップ
　レモンの絞り汁…大さじ2
薬味(みょうが、かいわれ大根、わさびなど)…適量

〜作り方〜

1 サバは三枚におろして料理酒をスプレーし、塩麹をまぶしてビニール袋に入れ、冷蔵庫で3時間ほど漬ける。
2 サバを取り出してバットに並べ、Aを合わせて注ぎ、冷蔵庫で30分~1時間ほどおく。
3 サバを取り出して毛抜きで小骨を抜き、皮をはぐ。好みの厚さに切り、器に薬味とともに盛る。

甘酒を使う

山口の実家には、
寸胴の「甘酒専用保温ジャー」があり、
母は年中、甘酒を作ってくれました。
手作りの甘酒は
素材のうま味を引き出し、
料理やスウィーツに自然な甘味を加え、
生地の発酵を助けます。

甘酒のもとをそだてる

麹のみで作る方法（すずき味噌店p80）と、もち米を加えて作る方法（糀屋本店p78）を紹介します。いずれも炊飯器を使用。

麹のみで作ると、とても手軽でスピーディー。さらっとした甘さに仕上がります。

もち米やもちを加えると甘味が増します。好みで選んでください。

麹のみで作る

{材料}

麹…200g
お湯…400cc（麹の倍量）

1 炊飯器に、手でほぐした麹と、55°Cに冷ましたお湯を入れ、布巾をかける。

2 炊飯器の蓋が少し開くように、鍋の蓋などをかぶせて閉め、4〜5時間保温する。途中で1〜2回全体を混ぜ、60°Cを保つように蓋の開け具合を調整する。保温温度は機種によって異なるので、最初は温度計で測るとよい。

3 鍋に移し常温に冷めてから、70°Cまで加熱する（甘味が増す）。完全に冷めてから容器に入れ、冷蔵で保存。1カ月ほどで使い切る。

麹ともち米で作る

{材料}

麹…500g
もち米…600g
水…5合分

1 もち米を5合の線まで水を入れて炊く。70°Cになるまで混ぜて冷ます。

2 1にほぐした米麹を加え混ぜ、60°Cに冷めたら布巾をかけて蓋を開けたまま保温する。

3 5〜6時間たったら全体を混ぜ、60°Cを保つよう蓋の開け具合を調整する。10時間後に完成。

※麹ともちで作ることもできる。もち500gを一晩水に浸けて2cm角に切り、鍋に水500ccとともに入れ中火でとろとろに煮る。70°Cに冷ましてからよくほぐした麹500gを混ぜ、60°Cになったら炊飯器に移し、布巾をかけて蓋を開けたまま10時間ほど保温して完成。

※甘酒として飲む場合はいずれも2倍に希釈する。
※いずれも冷凍保存できる。

甘酒
【おかずとご飯】

甘酒の野菜グリル

麹で作られたみりんは甘酒と親戚同士。
そこにレモンやタイムを加えると、素敵なプロバンス風の料理になります。

{材料}

れんこん…1節
プチトマト…4個
セロリ…1/2枝
玉ねぎ…1個
長芋…10cm
マリネ液
- 国産レモン…1/2個
- 生姜…1かけ
- にんにく…1かけ
- **甘酒のもと**(p49)…大さじ3
- みりん…大さじ3
- 白醤油(または淡口醤油)…大さじ1
- オリーブ油…大さじ3
- 料理酒…大さじ1
- **塩麹**(p11)…大さじ1
- 塩、こしょう…少々
- タイム枝…2〜4枝

※日本の伝統的発酵甘味料である純正なみりん(みりん風調味料ではない)を選んでください。

{作り方}

1 れんこんは1cm幅、セロリは斜め切り、玉ねぎは大きめのくし切り、長芋は1cm幅の輪切りにする。

2 レモンはいちょう切りに、生姜は薄切りし、にんにくはつぶす。ボウルに、他のマリネ液の材料とともに入れて混ぜ、1を加えて30分ほどおく。

3 2の野菜の水気を切り、オーブンシートを敷いた天板に並べ、180°Cのオーブンで20分焼く。

マリネ液

甘酒味噌だれ

味噌と甘酒も麹を使うもの同士で、味の相性がぴったり。
つけだれ、ドレッシングのベースなどに使える万能調味料です。

{材料}

A
- **甘酒のもと**(p49)…150g
- 合わせ味噌…1カップ弱
- 生姜(すりおろす)…適量

野菜(きゅうり、かぶなど)…好きなだけ

※玄米甘酒(市販)を使うと、味噌の風味がさらに引き立つ。

{作り方}

1 Aの材料を全て混ぜる。
2 野菜を生のまま食べやすく切り、1につけて食べる。

甘酒のべったら漬け

市販のべったら漬けは甘味が強いですが、甘酒と塩麹で作ると、
いとも簡単にすっきりとした味わいに仕上がります。

{材料}

甘酒のもと(p49)…1カップ
大根…中1/2本
塩麹(p11)…大さじ2
料理酒…少々

{作り方}

1 大根は縦に太切りにし、塩麹と料理酒をまぶしビニール袋に入れてひと晩おく。
2 水気をとり、容器に入れる。その上に甘酒を入れて2〜3日漬ける。

※漬ける期間を変えると、浅漬けから熟成漬けまで好みの味に仕上がる。

豆腐の甘酒漬け

豆腐に麹をつけ塩水の中で発酵させた、中国の腐乳が私は大好き。
なんとか日本式腐乳を作りたいと考案したのがこのレシピです。

{材料}

木綿豆腐(または厚揚げ豆腐)…1丁
マリネ液
- もろみ…30g(または醤油大さじ2弱)
- **甘酒のもと**(p49)…40g
- みりん…大さじ1強
- 果糖…大さじ1弱(10g)
- 料理酒…小さじ1/2

※玄米甘酒(市販)を使うと、甘味とコクがあるのでもろみとの相性がさらによい。

{作り方}

1 木綿豆腐は重しをして水気を切っておく(厚揚げの場合は揚げの部分を取り除く)。
2 すり鉢にマリネ液の材料を入れて混ぜ、保存容器に入れる。
3 1をガーゼに包み、2にひと晩漬ける。ガーゼから取り出し、好みのサイズに切り分けていただく。数日漬けるとさらに味わい深くなる。

ぶりの甘酒漬け

魚を甘酒と味噌を合わせたものに漬けると、有名店の粕漬けのような仕上がりに。
お弁当のおかずにもぴったりです。

{材料}

ブリ…2切れ

味噌だれ

- **甘酒のもと**(p49)…大さじ2
- 味噌…大さじ2
- 酒…少々

※玄米甘酒(市販)を使うと、味噌の風味がさらに引き立つ。

{作り方}

1 ブリは50℃のお湯に放ち、手で表面を洗う。水気をふいておく。

2 ボウルに味噌だれの材料を全て入れ、よく混ぜる。

3 ブリに2を塗りつけてビニール袋に入れ、冷蔵庫でひと晩おく。2〜3日漬けると、よりコクのある味わいになる。

4 味噌だれをぬぐい取り、グリルで焼く。

甘酒の麻婆なす

実そばの粒々感がそぼろ肉のような食感の甘酒味噌だれ。
野菜本来のおいしさを損なわないところがうれしいです。

{材料}

なす…2本
玉ねぎ…1/2個
実そば…50g
ごま油…適量
麻婆だれ
- **甘酒味噌だれ**(p52)…大さじ2
- 醤油…大さじ1
- 料理酒…少々

ラー油…適量
白すりごま…適量
万能ねぎ(刻み)…適量
しそ(刻み)…少々

{作り方}

1 なす、玉ねぎはくし切りにする。実そばはやわらかくなるまでゆでる。
2 すり鉢に麻婆だれの材料を入れ、よく混ぜ合わせる。
3 中華鍋にごま油を入れ、なすと玉ねぎを炒める。実そばを入れ、2を少しずつ加えて全体にからませる。好みで仕上げにラー油を和える。
4 器に盛り、万能ねぎ、ごま、しそを散らす。

冷やし中華

冷やし中華のたれは、甘ったるくても、酸っぱくてもダメ。
ほどよい甘さの甘酒と香ばしいえごまのたれは、和え衣にも便利です。

{材料} 2人分

冷やし中華めん…2袋
紫玉ねぎ…小1/4個
きゅうり…1/4本
錦糸卵…卵2個分
ロースハム…4枚
もやし…50g
甘酒えごまだれ
- **甘酒のもと**(p49)…大さじ3
- 味噌…大さじ1
- 醤油…小さじ2
- 米酢…小さじ2
- 炒りえごま(または白ごま)…大さじ2
- ごま油、ラー油…適量

{作り方}

1 中華めんはゆでて水を切り、ごま油(分量外)を和えておく。
2 玉ねぎをスライスし、きゅうり、錦糸卵、ハムは細切りする。もやしはゆでて水気を切る。
3 すり鉢にえごまを入れてすり、えごまだれの他の材料を全て加えてよく混ぜる。好みでごま油やラー油を加えて仕上げる。
4 器に1のめんを入れ、2をトッピングし、3のたれをかける。

甘酒えごまだれ

土鍋ビビンバ

特製甘酒コチジャンと塩麹で和えるナムルで作るビビンバは、
誰もが喜んでくれます。家庭にある土鍋で手軽に作りましょう。

{材料}

玄米ご飯…茶碗2杯
甘酒コチジャン(作りやすい分量)
- **甘酒のもと**(p49)…1カップ
- 豆味噌・赤唐辛子粉…各1/2カップ
- 酒…大さじ1

ナムルだれ
- **塩麹**(p11)…小さじ1
- ごま油…小さじ1
- すり白ごま…小さじ1/2
- 好みでにんにく(すりおろす)…少々

ひじき…2g
春菊…4茎
しめじ…1/2パック
大豆もやし…1/4袋
にんじん…1/4本
ごま油…適量
黄卯…1個分

{作り方}

1 水で戻したひじき、春菊、しめじ、大豆もやしを別々にさっとボイルし、食べやすく切る。にんじんは細切りにする。
2 すり鉢に甘酒コチュジャンの材料を入れてよく混ぜる(容器に入れて冷蔵。半年保存できる)。
3 ボウルにナムルだれの材料を入れて混ぜ合わせ、1の具をそれぞれ和える(好みでナムルだれを加減する)。
4 土鍋にごま油をぬり、ご飯を入れる。ナムルを色どりよく並べ、中央に2を大さじ2のせて蓋をする。
5 中火にかけて5分加熱し、あたたまったら火を止め、中央に卵黄をのせる。全体を混ぜてからいただく。

甘酒コチュジャン

甘酒
【スウィーツ】

りんごの甘酒パンプディング

余ったパンの活用法としても便利なスウィーツ。
ケーキ型にきっちり詰めてパウンドケーキのように焼いてもOKです。

｛材料｝ 4人分

りんご…1個
レーズン…30g
レモン汁…小さじ1
食パン…150g
卵…3個
牛乳…3カップ
粗製糖…30g
甘酒のもと(p49)…30g
バニラビーンズ…1本
シナモンパウダー…少々
バター…適量
好みでメープルシロップ…適量

｛作り方｝

1 バニラビーンズはさやを切り、中身を出しておく。
2 りんごは、皮つきのままいちょう切りにして鍋に並べて入れる。その上にレーズンをおき、レモン汁を加え蓋をして、りんごに火が通るまで10分ほど弱火にかける。
3 ボウルに卵を割りほぐし、牛乳、砂糖、甘酒、バニラビーンズ（さやも一緒に）、シナモンパウダーを加えよく混ぜる。
4 パンをちぎって3に入れて浸す。りんごとレーズンも加え、1時間以上浸しておく。
5 グラタン皿にバターを塗り、4を流し入れる。180° Cのオーブンで20分焼く。好みでメープルシロップをかける。

豆乳と甘酒のブラマンジェ

甘酒と豆乳がベースのなめらかな口当たり。
豆乳を牛乳に、白ごまを黒ごまに変えてもおいしいです。

{材料} 4人分

無調整豆乳…300cc
甘酒のもと(p49)…30g
メープルシロップ…大さじ2
白練りごま…大さじ1
本葛粉…小さじ1
粉寒天…小さじ1/2
ノチェーロ*(なければブランデーやラム酒でもよい)…少々
ミント葉…適量

*くるみのリキュール

{作り方}

1 鍋にノチェーロ、ミント以外の材料を入れ、ダマがないように混ぜる。
2 中火にかけ、全ての材料を煮溶かす。火を止めてからノチェーロを加え混ぜる。
3 ボウルに2をざるでこしてから入れ、粗熱がとれたら冷蔵庫で冷やす。
4 スプーンですくって器に盛り付け、ミント葉を飾る。

甘酒ナッツバー

戸棚に残っているナッツやドライフルーツを使って
手軽に焼いてほしいバー。軽食やおやつにどうぞ。

{材料} 2cm×8cm×12枚分

好みのナッツ、ドライフルーツ…各100g
甘酒のもと(p49)…20g
全粒粉…35g
オートミール…35g
メープルシロップ…大さじ1と1/2
りんご果汁…大さじ1

{作り方}

1 ナッツ、ドライフルーツは細かく刻んでおく。
2 全ての材料をボウルに入れてよく混ぜる。
3 ビニール袋に2を入れて、麺棒で5mmほどの厚さにのばす。冷凍庫で一晩おいて固める。
4 ビニール袋を破いて取り出し、好みのサイズに包丁でカットし、天板にクッキングシートを敷いた上に並べる。
5 150°Cで30分焼く。

甘酒かすていら

甘酒の香りがやさしい、しっとりとした焼きあがりです。
水を含ませた新聞紙を使うことがポイント。

{材料} 幅８×長さ20×高さ５cmの耐熱ガラス型１本分

薄力粉…60g
卵…2個
甘酒のもと(p49)…30g
粗製糖…20g
メープルシロップ…大さじ3
菜種サラダ油…大さじ1

{作り方}

1 耐熱ガラス容器型にクッキングシートを敷く。オーブンを180°Cに予熱しておく。
2 ボウルに卵を入れてほぐす。甘酒、粗製糖、メープルシロップを加え、湯せんにかけて人肌ぐらいに温め、泡立て器で十分に泡立てる。
3 ふるった薄力粉を入れ、ダマにならないようにゴムベラで混ぜ合わせ、油をまわし入れて混ぜる。
4 生地を型に入れて表面に霧吹きし、180°Cのオーブンで5分焼く。
5 いったん型を出して再び霧吹きする。型の下に濡らした新聞紙(2枚重ねを四つ折り)をひき、180°Cで15分焼く。その後160°Cに下げて15分焼く。
6 焼き上がったら型から出し、逆さまにして網の上へのせて冷ます。

甘酒味噌のエンガディーヌ

甘酒をお菓子に使うことがまだ珍しかった20年前に、
お菓子の師匠から受け継いだ、古くて一番好きなスウィーツレシピの復刻版です。

｛材料｝ 18cmタルト型1台分

薄力粉…230g
無塩バター…140g
A
- 卵(中玉)…1個
- 粗製糖…70g
- 塩…少々
- メープルシロップ…10g

甘酒味噌フィリング
B
- **甘酒のもと**(p49)…140g
- もち米飴…30g
- メープルシロップ…40g
- 生クリーム…40g
- 麦味噌…30g

くるみ(ローストしたもの)…110g
無塩バター…15g
溶き卵…少々

※玄米甘酒(市販)を使うと、味噌の風味がさらに引き立つ。

｛作り方｝

1 くるみを粗く刻み、鍋にBを入れて火にかけ、焦げないように弱火で鍋底が見えるくらいになるまで煮詰める。くるみとバターを加えて混ぜ、バットに移して冷ましておく(フィリング)。
2 フードプロセッサーにふるった薄力粉、無塩バターを入れ、軽くかけてパラパラの状態にする。
3 ボウルにAを入れて混ぜる。2を加えて粉気が残る程度にゴムベラでさっくりと混ぜ、生地をまとめてラップに包み、1時間ほど冷蔵庫で休ませる。
4 3の生地を2等分し、それぞれめん棒で5mmの厚さに丸くなるようにのばす。1枚をタルト型に敷き、フォークで穴をあける。
5 4に1のフィリングをしっかりと詰める。残りの上蓋用の生地をのせ、下生地にしっかりつくようにまわりを指で抑える。
6 表面に溶き卵を塗り竹串を数本束ねて丸く模様を描く。180°Cに余熱したオーブンで40分焼く。

甘酒と果物のシャーベット

柿にはアーモンド風味のイタリアのリキュール・アマレットがぴったり。
梨とりんごのシャーベットはとても洗練された高貴な味わいです。

｛材料｝

・柿あじ
甘酒のもと(p49)…40g
完熟柿…中1/2個(100g)
アマレット
(なければブランデー)…少々

・梨とりんごあじ
甘酒のもと(p49)…40g
りんご…中1/5個(50g)
梨…中1/6個(50g)

｛作り方｝

1 果物は皮をむき、ひと口サイズに切る。
2 1とその他の材料をミキサーやフードプロセッサーにかけ、冷凍庫に入れてほどよいかたさまで冷やす。ときどきフォークでかき混ぜて空気を入れるとふんわり仕上がる。

※アメリカ製のVita-Mixを使うと、凍ったものも一瞬で空気を混ぜながら攪拌できるので便利。
http://www.vita-mix.jp/

甘酒の卵酒

口当たりがよくて飲みやすく、ほっとするおいしさ。
粉雪が舞う日の国分寺の工房で、料理家・林弘子さんに教わったレシピです。

{材料}

卵黄…2個分
甘酒のもと(p49)…50g
純米酒…240cc
生姜(すりおろし)…少々

{作り方}

1 ボウルに卵黄と甘酒を入れ、湯せんにかけ(60°C以下)、白くもったりするまで泡立て器で混ぜる。

2 酒を注ぎ、湯せんの温度を高めてゆっくりかき混ぜる。全体が温まったら火を止める。好みで生姜を加えてもおいしい。

甘酒
【発酵生地】

甘酒まんじゅう

甘酒の香りと、滋味あふれる小豆かぼちゃあんの組み合わせ。
ドライイーストで手軽に作れる、懐かしい味のおやつです。

{材 料}

強力粉…150g
塩…ひとつまみ
甘酒のもと(p49)…30g
ドライイースト…2g
ぬるま湯…70cc
小豆かぼちゃ(p27)…適宜

{作 り 方}

1 ぬるま湯を入れたボウルに甘酒のもととドライイーストを入れ混ぜておく。小豆かぼちゃは少しつぶしてあんにする。
2 別のボウルにふるった強力粉と塩を入れて混ぜ、1を加える。生地温度が人肌くらいに上がるように10分ほどこねる。
3 生地を6等分して丸め、手のひらで平たく広げて1の小豆かぼちゃあんを包む。
4 3を経木やクッキングシートなどにのせ、30°Cで30分おいて発酵させる(図を参照)。
5 蒸気のあがった蒸し器に4を入れ、中火で20分蒸す。火を止めて3分蒸らしてから取り出す。

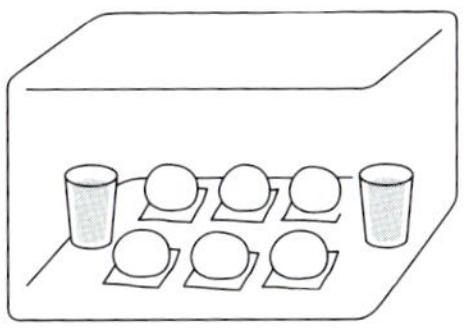

発酵器がない場合、発泡スチロールの容器(またはビニール袋)の中にお湯を入れたコップを入れ、生地を保温・保湿するとよい。時々、熱いお湯に取り替えること。

ぶどう麹酵母のピッツア

「寺田本家」(p90)の杜氏さんから教わった、
ぶどうと麹で作る酵母で膨らむドゥ(生地)は、力のある味わいです。

{材料} 20×30cmの生地1枚分

液種(ぶどう麹酵母)
- ぶどう*…200g(約1房)
- **麹****…ひとつかみ

中種
- 液種…5g
- 強力粉…50g
- 南部地粉(中力粉)…50g
- ぬるま湯…70cc

生地
- 強力粉…50g
- **甘酒のもと**(p49)…大さじ1
- 塩…ひとつまみ
- オリーブ油…大さじ1/2

市販のピザ用トマトソース…適量
ピザ用チーズ…適量
玉ねぎ…適量
プチトマト…適量
バジル葉…適量

*ぶどうはどの品種を使ってもよい。

**寺田本家(p90)の発芽玄米麹「かむたち」はとくに発酵力が強いのでおすすめ。

{作り方}

1 液種を作る。容器にぶどうを皮つきのまま入れて手でつぶし、ほぐした麹を加え混ぜ、軽く蓋をして常温におく。5日ほどしてアルコールの匂いがしたら完成。ぶどう粕を取り出しておく。

2 中種を作る。ボウルに材料を全て入れ、生地がひと肌ほどに温まるまでこねてから、ボウルに入れ、ラップをして常温にひと晩おく。

3 2に強力粉、甘酒、オリーブ油、塩を入れてこねる。ひと固まりにして、温かいところに1時間ほどおく。

4 めん棒で5mmくらいの厚さにのばし天板にのせる。ピザソースを塗る。

5 スライスした玉ねぎ、トマトを並べる。チーズをそのうえにトッピングする。

6 250°Cのオーブンで10分焼く。バジルを添える。

甘酒のグリッシーニ

ビール酵母はゆっくり発酵を助けるので、ふっくら感を必要としない生地向き。
火入れしない無ろ過の地ビールなどに、ビール酵母は含まれています。

｛材料｝ 20cm×15本分

南部地粉(中力粉)、強力粉…各60g
地ビール…60cc
オリーブ油…大さじ2
甘酒のもと(p49)…大さじ1
イタリアンハーブミックス*…大さじ1
塩…ひとつまみ

*オレガノ、バジル、タイムなどのブレンド。

｛作り方｝

1 ボウルに全ての材料を入れ、なめらかになるまでこねて丸め、ラップをしてひと晩おく。
2 打ち粉(分量外)をした台で生地を包丁で15等分し、手で転がして細く20cm長に伸ばし、天板にのせる。
3 150°Cのオーブンで30分焼く。

甘酒のガスパチョ

甘酒は意外にも、牛乳とトマトとの相性がぴったり。
甘酒も評判の岐阜県「天領酒造」で教わった、黄金の組み合わせです。

｛材料｝ 2人分

A ┌ **甘酒のもと**、水、牛乳…各1/4カップ
　 └ トマトジュース(無塩)…1/2カップ
プチトマト…2個(切れ目を入れる)

｛作り方｝

グラスに冷やしたAを入れてよく混ぜる。トマトをグラスにさしていただく。
※好みで甘酒を加減する。

甘酒おからドーナッツ

ほどよく酒の香りが残る、大人向きのドーナッツ。
日本酒の生原酒の力で、ふっくらと仕上がります。

{材料}

中種

A
- 強力粉…25g
- 南部地粉（中力粉）…25g
- 日本酒の生原酒…30cc

生地

B
- 強力粉…25g
- 南部地粉…25g
- おから（生）…90g
- **甘酒のもと**（p49）…20g
- 粗製糖…10g
- 炒り白ごま…大さじ1
- オリーブ油…大さじ1/2
- ベーキングパウダー…小さじ1/2
- 塩…ひとつまみ

菜種油（揚げ油）…適量

{作り方}

1 中種を作る。ボウルにAを入れ、軽くこねてまとめる。こねすぎるとベタベタしやすいので注意。

2 1を30°Cで12～24時間（冬はこれ以上かかる場合もある）おいて発酵させる（p71図を参照）。いい香りがたち、ふかふかな状態になったら完成。

3 生地を作る。1にBを加え、生地がなめらかになるまでこねる。一口サイズに分割して丸め、粉（分量外）を敷いたバットにのせる。

4 3を30°Cで30分おいて発酵させ、180° Cの油で揚げる。好みで粗製糖（分量外）をまぶす。

※日本酒の生原酒は、火入れも水も加えていないもの。炭酸ガスを含むので、開栓時は注意が必要。寺田本家（p90）の発芽玄米酒「むすひ」はとくに発酵力が強いのでおすすめ。
※ベーキングパウダーを少し加えることで、食感が軽くなる。

番外編　野菜と果物の甘酒

麹と旬の野菜や果物を合わせたら、とびきりおいしい変わり甘酒になりました。
かぼちゃはでんぷんがたっぷりで、麹との相性が抜群。
小豆と麹を合わせると、さっぱりとしたお汁粉のような仕上がりに。
梨はとろけて、そのままでも、ピューレにしてシャーベットにしてもおいしいです。

｛材料｝

A かぼちゃ…300g（一口大に切る）
B 煮た小豆…1カップ
C 梨…1個（一口大に切る）
麹…100g
お湯…1カップ

｛作り方｝

A～Cのいずれかを、ほぐした麹と水とともに炊飯器に入れ保温する。時々空気を入れるためにかき混ぜながら、60℃を保つよう蓋を調整し、6時間後に完成。

麹使いの職人たち

味噌、醤油、酢、みりんなどの調味料や
日本酒や酵母パンを作るなかで
麹は活躍しています。
麹屋さんをはじめ、
日々、麹と向き合っている
発酵・醸造の達人を訪ね、
食べもの作りのお話を伺いました。

こうじ屋ウーマンが育む伝統食

糀屋本店の糀

大分県佐伯市は、ゆたかな漁場と山の幸に恵まれたまち。人々は昔から魚や野菜、山菜を麹と漬けて保存食を作ったり、手前味噌を仕込んだりしてきました。そんなまちに320年の歴史をもつ麹屋さん「糀屋本店」はあります。女将さんであり、全国でも注目の「こうじ屋ウーマン」である浅利妙峰さんは、麹屋の娘として生まれ育ちました。1978年に結婚し、お母さんが亡くなられたことをきっかけに家業に戻ったのは2007年。妙峰さんが改めて日本の食生活に目を向けると、味噌や甘酒や漬物を自宅で作る文化がなくなり、市販のものを使う家庭が増え続けていました。かつて集落に一軒ずつあった麹屋もどんどん廃業し、家業の麹の仕込み量も次第に減ってきていました。

「麹を使うのは味噌と甘酒作りだけじゃない。普段の料理にも幅広く使えるはず」と思った妙峰さんは、「塩糀」や「こうじ納豆」をはじめ、麹を調味料に変身させた商品を作り始めました。さらに「日本中の麹屋さんと力を合わせて元気になりたい。もっと麹をみんなに使って欲しい」と、麹を使った料理教室も始めました。いまでは麹の調味料も料理教室も大好評。麹をより身近に感じる

作務衣のユニフォームでエネルギッシュな、浅利妙峰さん(右)

糀のレシピ

オリーブ塩糀

塩麹（p11）をミキサーにかけ、塩麹と同量のEXバージンオリーブ油を混ぜる。サラダやバター代わりにトーストなどにつける。

代々の麹を醸してきた麹室。良質の麹菌がすみ着いている

ことができる若い人たちが増えています。

あるとき、妙峰さんが某デパートで店頭販売していると、2人の女子大生が「塩糀」を試食しに来ました。一人は「おいしい」と顔をほころばせたものの、もう一人はその場でマズイと吐き出したそうです。妙峰さんは、吐き出した方の母親は発酵食品を食べさせていないと感じたそうです。「その子の子どももきっと同じ反応をします。一旦切れた食のDNAをつなぐには、相当な時間も労力も必要。だから本物の麹の味や日本の発酵食の味を切らしたくない」。

味噌仕込みが好きで発酵食マニアの私も、日本の麹屋が激減していくことを憂いてきました。そこで主宰をしているホールフードスクール福岡校の生徒たちと2008年に「麹ツアー」を企画し、糀屋本店を訪問して妙峰さんに麹料理の講座をお願いしました。「先生、なんでわざわざ大分の麹屋に行くと?」と初めは言っていた生徒たち。「手のひらには心があるんです。おいしくな~れ、おいしくな~れ、って気持ちをこめて麹をほぐしてくださいね」とおっしゃる妙峰さんの麹料理や、実際に麹ができる現場を体験すると、全員が麹に夢中になってしまいました。「日本の優れた食文化を次の世代へつないでいくためにも、麹の活躍の場を作っていきたい」という妙峰さんの言葉が、いつまでも心に残りました。

糀屋本店の糀づくり

1日目 米を浸水し一晩おく

→

2日目 米を蒸して種麹をつけ、麹室でバスタブのような保温設備に入れて寝かせる

→

3日目 発酵して熱を持つので全体を混ぜて冷まし、木製の容器に1升ずつ移して再び発酵させる。数時間後に麹を広げて熱を均一にする

→

4日目 麹を麹室から出して冷やして完成

すずき味噌店の米味噌

4代先の子どもたちに麹を伝える

山形県白鷹《しらたか》町にあるすずき味噌店は、麹屋さんです。麹作りの技を生かして味噌を販売しており、地域の家庭から大豆や米を預かって味噌の委託醸造も続けてきました。私は毎年、スクールと自家用の「手前味噌」を仕込みに鈴木さんの所へ行き、仕込んだ味噌は蔵で預かっていただいて、ちょうどよい発酵具合のときに出荷してもらっています。店主であり、手前味噌シッターである4代目・鈴木徳則さんは、私の「麹の先生」。東京農業大学で醸造を学んだ後、家業を継がれました。「発酵はfermentationと訳せるけど、醸造は正確に英訳できないと授業で聞いたとき、こりゃすばらしいなと。とくに粒状のバラ麹は世界にない日本特有のものなんですよ」と鈴木さん。これまでも味噌のことだけでなく、発酵食品で壁にぶつかるとすぐに鈴木さんに質問をしてきました。

かつての白鷹町には集落ごとに麹屋があり、町全体で10軒ほどもあったそうですが、10年ほど前から麹を作る店はすずき味噌店たった1軒となってしまいました。また、昔は田んぼや畑のあちこちに「土室《どむろ》」という盛り土があって、集

味噌のレシピ

味噌もち

もち米1升を1時間蒸し、味噌200gと粗糖300gを煮詰めたものを混ぜ合わせる。再び30分蒸し、もちをつく。好みでくるみや青大豆、ごまを入れる。

毎年恒例の手前味噌仕込み。好みの大豆・米・塩を使える

蔵に並ぶ木樽。空にすると隙間ができてしまうので味噌は年中仕込む

落の人たちが麹を仕込むための共同室にしていたそうです。「3畳くらいの広さで練炭で暖をとりながら麹を作っていたと、80代の人が懐かしそうに話してくれます」と鈴木さん。「小さい頃は友達の家に遊びにいくと、そこの家の手作りの甘酒が出てきました。今でいうと、甘酒がコーラやジュースみたいなものだね。それほど麹は身近なものだったのです」。

最近では鈴木さんが小学校に味噌や甘酒作りを教えに行き、子どもたちに甘酒を飲ませると、1/3の生徒が「おいしくな〜い」と反応は鈍いそう。「昔は家々の甘酒の味があったのに、親たちが麹のよさを伝えてないからですよ。なおさら、醸造家の仕事は自分の代だけではなく、100年4代にわたって残す仕事だと感じています」。

私は毎年、鈴木さんと東京で「手前味噌講座」を開催しています。最近は若い人たちの手前味噌人口がちょっぴり増えていると感じています。大学で学んだアカデミックな味噌造り理論と、数字にできない手加減を合わせた分かりやすい鈴木メソッドが、味噌作りの輪を広げています。

私自身も鈴木さんとの味噌仕込みを通じて、発酵や醸造が身近に感じるようになりました。そして、麹を愛おしく思えるようになったことをとても感謝しています。

すずき味噌店の味噌づくり

米を蒸して種麹をつけて、米麹を作る（2日）

↓

大豆を蒸してつぶし、米麹、塩と合わせて木樽に入れ、発酵・熟成させる（8〜12カ月）

↓

完成

まるや八丁味噌の八丁味噌

石を積み、二夏二冬かけて作る

愛知県岡崎市にある岡崎城から、西へ八丁（約８７０ｍ）離れた八帖町《はっちょう》。この地で、まるや八丁味噌は１３３７年から醸造業を始め、江戸時代には八丁味噌を出荷していました。八丁味噌は豆味噌の銘柄のひとつで、大豆麹と塩で仕込みます。高温多湿での土地柄が、米味噌よりも豆味噌造りに向いており、矢作川の豊かで良質な伏流水にも恵まれて育まれてきました。

今回まるや八丁味噌を訪ねるまでは、私自身、八丁味噌は豆味噌の一種としか認識していませんでした。しかし「石積みをして江戸時代からの伝統的な方法で八丁味噌を造るのは、ウチと隣の味噌蔵のカクキューさんだけなんですよ」と浅井信太郎社長から伺い、大きな驚きと発見がありました。たしかにこの二軒の八丁味噌は、他の豆味噌とくらべると、味の深みや硬さに明らかな違いがあります。

この「石積み」とはどういうものなのか、蔵に足を運びました。丸い石が、木の味噌桶の上にピラミッドのように高く積み上げられた光景は、味噌蔵というよりまるで太古の遺跡のような印象を持ちました。大人の男性がやっともち上

1つの木桶に6tの味噌を踏み固めながら詰める

八丁味噌のレシピ

焼き味噌

八丁味噌に、ねぎ、生姜、大葉を刻んで混ぜ、直径3cmに丸める。手で厚さ1cmに伸ばし、網で焼く。

味噌に布をかぶせ3t以上の石を積んで熟成させる

げられるような重石を、石積み職人が一つひとつ、長年の勘を頼りに味噌の上に隙間なく積み上げていくのです。水分が少なく、保存性にすぐれた味噌を造るには、大量の石積みが必要です。まるや八丁味噌では、親方から長年石積みの技術を学んだ者が選ばれてその役を継いでいきます。

八丁味噌は味噌の中でも特にゆっくり熟成が進みます。石積みの後は二夏二冬かけて、じっくりと発酵・熟成させることで、大豆のうま味が存分に詰まった、濃い茶褐色の八丁味噌に仕上がります。かつて食料不足に陥った戦時中は、政府からもっと安価ですぐに完成する味噌を作るように指導が入ったそうですが、それでは八丁味噌の品質が守れないと、休業宣言をしました。当時の当主の並々ならぬ決意が伺えます。八丁味噌は、人為的に温度を調整したり添加物を加えたりすることなく、かたくなに技術を守り続けたことで、残ってきた味なのです。

お許しを得て、石積みされた木桶の上に登らせていただきました。薄暗い味噌蔵に積み上げられた石積みは、近代アートのようにも映り、思わず「日本の発酵食の知恵ってすばらしい！」と叫んでしまいました。岡崎出身の徳川家康が兵食として愛用した八丁味噌は、いまや世界20カ国へ「HATCHO MISO」として輸出されています。海外に行った際、日本の発酵食品を見ると胸を張りたくなります。八丁味噌は日本を代表する発酵食品のひとつです。

まるや八丁味噌の八丁味噌づくり

大豆を蒸して直径6cmの味噌玉に丸め、麹菌をまぶして大豆麹を作る（4日）

↓

大豆麹に水と塩を加え混ぜる。木桶に踏み固めながら仕込み、重石を積み、発酵・熟成させる（二夏二冬。約2年以上）

↓

完成

大豆を使わず麦麹のみで仕込む醤油

日東醸造のしろたまり

肥沃な平野と良質の水源に恵まれた愛知県三河地方では、江戸時代の中頃から白醤油が作られてきました。濃口醤油は大豆をおもな原料として小麦と合わせて作る麹で仕込みます。一般の白醤油は小麦が9割以上の麹で仕込む琥珀色の醤油で、食材の色が美しく仕上がるのが魅力です。ここ三河の碧南市で大正初期に創業した日東醸造でも同様に白醤油が作られてきましたが、94年に三代目社長となった蜷川洋一さんは、先代の想いを継ぎ、より小麦の香りとうま味を引き出すために、大豆を使わずに麦麹だけで作る醤油を目指すことにしました。そもそも本来の白醤油は、麦麹のみで作られていたともいわれているそうです。

まず国産の原料を吟味し、麦麹は北米産の小麦から北海道産のものに変えて作り、塩は伊豆大島の自然海塩「海の精」を使うことにしました。そして会社から車で1時間離れた山里の足助《あすけ》町で、豊かな自然と天然水に出会いました。「廃校になった小学校の校庭に井戸があったんですよ。その水がすばらしくおいしくて、里山の環境も一目で気に入りましたね」と蜷川さん。この井戸水を

しろたまりのレシピ

大豆のレモン煮

水煮大豆170g、レモン1個半の薄い輪切り、水100ccを煮る。煮汁が少なくなったら粗糖大さじ5、しろたまり大さじ1を加え混ぜて火を止める。

麦麹と塩水を木桶で熟成。短期間で薄色に仕上げる

足助町の農家と協力し、小麦の栽培も始めている

使うとすっきりした味になり、着色や香りの劣化も少ないことが実証されました。そこで専用の蔵をこの学校に作り、化学調味料を一切使用せずにできあがったのが〝しろたまり〟です。

ところがこのしろたまりを新しい「白醤油」として全国に広めていきたいと思った矢先、２００５年に農水省よりＪＡＳ法の表示に適合しないという指導が入りました。ＪＡＳ規格では、白醤油は麦と少々の大豆を使った醤油を指します。日東醸造のしろたまりは、大豆を全く使用していないことから、白醤油と表示してはいけないというわけです。蜷川さんは業界団体へも現行法の改正へ陳情に行きましたが、法律の壁にぶち当たりました。「意義申し立ての申請をすることも可能でしたが、そこにエネルギーをかけるよりも、麦麹の醤油「しろたまり」として商品の力を高めることを優先しよう思いました」。

私は以前からしろたまりを知ってはいたものの、色の薄い淡口醤油の代わりとして使っていました。今回工場を訪ね、材料へのこだわりはもちろん、足助町の蔵での取り組みを知り、これまでの使い方を大いに反省してしまいました。しろたまりは他の醤油にはない、ふくよかな麦麹の香りが生きています。とくにかつお出汁や卵と相性がぴったりで、茶碗蒸しには最高！　タイ料理やエスニック料理に使っても、おいしく仕上げることができます。

日東醸造のしろたまりづくり

小麦を蒸して種麹をつけて、麦麹を作る（2日）

↓

木桶に麦麹と塩水を入れて発酵・熟成させてもろみを造る（90日）

↓

もろみから自然に分離した液（生引き）をとる

↓

完成

棚田の無農薬米でゆっくり醸す

飯尾醸造の米酢

若狭湾に面する京都府宮津市の飯尾醸造へ、スクールで使用するための酢の取り引きをお願いしたとき、最初に4代目の飯尾毅社長から「うちの米酢はよそと違ってツンとする刺激が少ないですけど、いいんですか?」と確認されました。その理由は、飯尾醸造の酢が原料の米をJAS規格（米酢は1ℓ当たり40g以上の米を使用）の5倍量も使った、独特の風味とアミノ酸成分の多い米酢だからです。酸味の強い酢を水で薄めて製品化する企業もあるなか、こんな特徴のある味を生み出す酢がどのように造られているのかを知ると、驚きの連続でした。

まず一番の特徴は、原料である無農薬米を自分たちで管理していることです。戦中戦後、食糧難のため米で酢を造ることができない時代があり、米酢造りが再開できた昭和30年代になると、日本の田んぼはそれまでと一変し、毒性の強い農薬が使われていました。「将来人間に悪い影響が出るのではないか」と感じた先代は、昭和37年から無農薬で作ってくれる農家を探して歩き、昭和39年に農薬や生活排水の影響を受けない棚田で、5戸の農家が無農薬米作りを始めた

酢のレシピ

ホット蜂蜜ジンジャービネガー

熱湯1カップに、富士玄米黒酢などの好みの酢小さじ1〜1/2と、好みの量の蜂蜜、生姜のすりおろし小さじ1/2を加え、よく混ぜる。

酢酸菌膜がもろみのアルコールを酢に変える

若狭湾を見下ろす
契約農家の棚田

のです。平成15年からは、契約農家の高齢化に伴い放棄される棚田で社員も米作りをするようになりました。

自社栽培米の生産量は必要量の5～8％ほど。それ以外は契約農家に委託しています。米の買い取り価格は地元の農協の2・8倍。また無農薬米を栽培するための資材代なども加えると、原料としての米は決して安くありません。しかし「他所から安い米を仕入れるのではなくて、地元の農家さんが安定しておいしい米作りに励んでくれてこそおいしい酢が造れるし、農薬を使用しない米作りは、豊かな里山の自然を守ることにつながるから」と飯尾さん。よい環境がよい米を作り、よい麹を作り、よいもろみ（酒）ができて酢になります。米はすべての味の決め手となるのです。

もう一つの大きな特徴は、酢の発酵、熟成期間の長さです。大手メーカーが1日で終わるようにタンクのもろみに空気を送り大量生産する一方、飯尾醸造では「静置発酵法」という、自然の力に任せ約3カ月かける方法でじっくり醸します。熟成期間も大手メーカーの10倍ほどの1年間です。この発酵、熟成期間が、まろやかな酢にするのです。

現在飯尾さんは、若い後継者にこの「手作り」のバトンを引き継ぎつつ、利用者や見学者へ安全安心な食に関する情報を発信する活動もされています。

飯尾醸造の酢づくり

米の収穫
→ 米を蒸して種麹をつけて麹を作る（2日）
→ 水と麹と酵母を合わせて発酵させ（2週間）、もろみの元を造る
→ もろみのもとに水、麹、蒸し米を加え、もろみを発酵させる（3カ月）
→ もろみを蔵に運び入れ熟成させる（1年）。時々タンクを移し替えて空気を入れる
→ 完成

角谷文治郎商店のみりん

そのまま飲める極上の調味料

愛知県三河地方は、日本のデンマークと呼ばれるほど、豊かな水源と気候に恵まれ、農業が盛んな地域です。よい米のあるところには酒蔵も多く、副産物である酒粕を使ったみりん造りも昔から盛んでした。米、焼酎、米麹を発酵・熟成すればみりんが造れます。かつてはこの地方にみりんの蔵も50軒もあったといわれるほどで、初代角谷文治郎氏も三河の碧南市で明治43年にみりん造りを始めました。

みりんは酒税法で管理される唯一の調味料です。しかし戦中は米不足で、米を使うみりんには高い税がかけられるようになりました。戦後も酒税法の網をくぐるために、塩や液糖、アルコール、アミノ酸、コハク酸などを加えた安い「みりん風調味料」が広まり、いまや流通の98％も占めます。しかしそれらはとてもそのまま飲める味ではありません。『みりんって飲めるんですか？』と驚かれることが多い昨今。「そもそも飲めないものを鍋に入れて使って大丈夫？って思うのです」という角谷社長は、いまも麹の力のみで米のうま味を引き出す本物のみりん造りを続けています。

みりんのレシピ

みりんプリン

みりん1カップを半量まで煮詰めて冷まし、卵2個、牛乳1カップ、バニラエッセンス少量と混ぜる。プリン型に注ぎ、熱湯入りの天板に並べて140°Cのオーブンで25～30分焼く。みりん大さじ1、水小さじ2、醤油小さじ1、水溶き片栗粉少量を合わせたソースを、冷やしたプリンにかける。

角谷社長。大きな釜で蒸しあがった米をチェック

ちなみに江戸時代はお酒として飲まれていたみりん。早めに熟成を切り上げたあっさり味の新みりん（みりんヌーボー）や、長く寝かせてコクを出した古みりんなど、熟成期間を変えるとワインのように味わいが変わってくるそう。いまは特定の料理人のみが知る味で、みりんにこんな種類があることを私たち消費者は知りません。酒やみりんの流通が変わり、使い手の好みが生産者に届かなくなっているのではないでしょうか。

「みりんで、ぜひ米のおいしさを味わってほしいんです」と角谷社長。これはどういうことなのでしょう？ 米は口に入れただけではおいしさはわかりません。よくかむと唾液により米のでんぷんが糖に変わり、口で感じることができます。食後2～3時間すると腸を通り、さらに糖に分解する他に、たんぱく質はうま味のあるアミノ酸に変わります。しかし腸に味覚はありませんので、これらのおいしさは分かりません。じつはこの糖やアミノ酸に分解する働きが、みりん造りの工程と同じなのです。「私たちの醸造は、腸と同じ働きをしているんですよ」という角谷さんの言葉に、新鮮な驚きを感じました。醸造業って、人間の腸なんだ…と。

みりんは、煮くずれを防ぎ、料理に照りとツヤを出し、素材をまとめる和食のコンダクターです。本物のみりんは、料理全体のバランスを見事に調えてくれます。

もろみ。絞った後のみりん粕は漬物などに使われる

角谷文治郎商店のみりんづくり

うるち米を蒸して種麹をつけ、麹を作る（2日）
うるち米で米焼酎を造る（1カ月）
もち米を蒸す

↓

合わせて密封貯蔵。発酵・熟成させてもろみを造る（春または秋から約3カ月）

↓

もろみを絞りさらに熟成させる（1年～1年半）

↓

完成

麹菌の生命力があふれる

寺田本家の日本酒

千葉県北端の神崎町に、無農薬・無添加の酒造りをする蔵元、寺田本家があります。23代目の寺田啓佐社長に私が最初にお会いしたのは1990年頃で、当時は恰幅のよい印象が強かった寺田さんですが、その後病を患い、玄米食などを取り入れた食生活で改善されました。これをきっかけに原料や麹作りを見直し、「百薬の長」といわれる本来の酒造りを目指すようになりました。いまでは寺田本家の蔵開きのイベントには全国から多くのファンが訪れ、私が発酵・醸造の生産者を訪ねたときも必ずといってよいほど寺田さんの話題が出てきます。

寺田本家の大きな特徴は、麹を作るための種菌（もやし）を田んぼから採取していることです。それまでの寺田本家も含め、一般には全国に数軒ある種麹屋から純粋培養菌を購入するのですが、自然な酒造りを目指すなかで「稲麹（p8）」から種菌を取り出すようになりました。「自然の麹菌は糖化力のある生命力が強いものに仕上がりました」と寺田さん。

また、その麹を仕込む麹室は通常は杜氏さんだけが出入りを許されるはずが、

伝統的な清酒の生もと造り。酵母の管理に神経を使う

酒粕のレシピ

酒粕トースト

バケットを2cmの厚さに切る。酒粕とオリーブ油をまんべんなく塗り、塩を少々振る。トースターで3分ほど軽く焦げ目がつくまで焼く。

発酵中のもろみ。清酒は30日以上、発芽玄米酒は2週間寝かせる

外部の人間に見学させてくれることに驚きです。発酵を邪魔する火落ち菌などの雑菌が持ち込まれる可能性があるのに「まったく怖くない」そうです。寺田さんは「いい酒を造るには微生物にいい働きをしてもらうことが肝要。それを決めるのは〝エサ〟と〝すみ家〟」といいます。

「エサは米と水。だから無農薬米と自然の水のみを使うことが必要なのです。合成の乳酸や塩素消毒など人工的な物質を使う麹室では、微生物が心地よくすむことができません。心地よいすみ家であれば、微生物が他の雑菌とも共生し、よりたくましくなるのです」。

もろみの発酵・醸造の現場でも、雑菌を入れないために、衛生管理をしっかりと徹底し、人の手に触れない製造工程が世の常の一方、それを逆走して「手のひら造り」をするのが寺田スタイル。杜氏の藤波良貫さんは「麹菌は田んぼに降りてきた神様のよう。その自然の菌が最大の力を発揮してもらうためには、じつは人間の手を加えた場所が必要なのです。よい〝すみ家〟を作る自然の環境には、人間も含まれていたのですね」と話してくれました。これは、微生物と共存できる絶対の自信がなければできないことだと思います。

私も好きな麹を使う料理を伝えることで、麹が心地よく暮らせる豊かな自然と人間が共存できる社会に貢献していきたいと感じました。

寺田本家の酒づくり

※発芽玄米酒「むすひ」の場合

玄米を水に浸して発芽させる（1週間）

→ 発芽玄米を蒸して、人肌に冷まし、種麹をつける（2日）

→ 麹、表面をやわらかくするため2度蒸しした発芽玄米、水を混ぜてもろみを仕込み、発酵・熟成させる（2週間）

→ 圧搾して完成（生原酒）

※清酒の場合、もろみを仕込む前に、発酵を促す酵母を育てるための酒母（もし）を造る。圧搾後は、純米酒は火入れ、生酒は割り水の作業がある

味輝の酵母パン

麹と米の自然酵母でふくらむ

自然酵母パンは世にたくさんありますが、麹で発酵させるパンはご存知でしょうか。日本では伝統的なパン種おこしの方法です。埼玉県上里町にある味輝の酵母パンを私が初めて食べたとき、煮物や漬物と相性がすごくよいと感じました。麹と米から作られた酵母が、和食となじむ風味を作っていたからだと思います。

先代の荒木健至さんが自然酵母のパンの販売を始めたのは1979年。最初はホシノ酵母を使っていましたが、せっかくならば日本に受け継がれてきた麹で酵母を仕込みたいと、4年後に群馬県境の越生《おごせ》町へ酵母蔵を移し、おいしい山水を使って、長男の和樹社長とともに麹酵母パンを作り続けてきました。

味輝の酵母仕込みは、東京・神田明神の「天野屋」へ麹を引き取りに行くことから始まります。天野屋は1866年創業の老舗の麹屋。戦時中も焼けずに残った古い麹室があり、一歩足を踏み入れると、まるで麹菌の体臭のような不思議な香りとエネルギーさえ感じられるほどの場所です。

この麹と、山水でといで蒸した米を合わせ、24個の桶に甘酒を作ります。半

酵母を作る菌がすみ着いた木の櫂で材料を混ぜて元種を作る

パンのレシピ

和風ピザトースト

6枚切りの食パンを1/2の厚さに切り、麺棒でのばす。オリーブ油を塗り、ハムやチーズ、おぼろ昆布をのせ、トースターで焼く。

混ぜ続けて日をおいた元種。発酵してぷくぷく気泡が立つ

日後に、木の櫂でそれぞれ20回ずつかき混ぜることを一晩かけて12回繰り返します。この木の櫂は握るところがくびれ、健至さんが使い込んだ様子が一目で分かります。じつは長年使っているこの櫂にこそ、発酵を助ける菌がすみ着いているのです。「櫂で混ぜると酵母のシュワシュワ感が手に伝わってきます。機械だと分からない感覚が櫂から伝わります」と和樹さん。「この古い櫂でなければ、味輝の酵母は作れません」。

酵母は一旦冷蔵庫で冷やし、再び3週間、毎日20回ずつ櫂で混ぜ続け、やっと元種が完成します。この混ぜる回数やタイミングは、越生の蔵で酵母が生きやすい環境を作るためのもの。健至さんの長年の経験から裏付けられた一子相伝の技です。荒木さん親子の麹への向き合い方と酵母仕込みの手間は、酒仕込みの工程に匹敵するものです。道具といえば櫂とせいろしかない酵母蔵が、なんだか最新鋭の麹研究所のように見えてきます。

米食が減ってパンを中心とした洋食志向が増えていることに閉口している私。自給率を上げるためには米食を増やすべきだと主張してきましたが、ライフスタイルが大きく変わった今、パン食も見直していく必要があると感じています。パン種に麹を使う手法が広がることは、自給率を上げる運動にもつながっていくと思います。

味輝のパンづくり

蒸した米に麹を入れて、桶に甘酒を作る（半日）

→ 桶を20回ずつ混ぜることを、一晩かけて12回繰り返す。その後3週間、毎日20回ずつ桶を混ぜ、元種を作る（3週間）

→ 元種に小麦粉を加えて発酵させ、中種を作る（15～20時間）

→ 中種に小麦粉や具を加えてパン生地を作る

→ 成形して焼く

「麹使いの職人たち」の店の問い合わせ先

P78

（有）糀屋本店

〒876-0832
大分県佐伯市船頭町14-29
TEL 0972-22-0761
FAX 0972-22-1329
http://www.saikikoujiya.com/

P80

（有）すずき味噌店

〒992-0852
山形県西置賜郡白鷹町浅立3614
TEL 0238-85-2443
FAX 0238-85-3277
http://www1.shirataka.or.jp/misoya/

P82

（株）まるや八丁味噌

〒444-0923
愛知県岡崎市八帖町往還通52
TEL 0564-22-0222
FAX 0564-23-0172
http://www.8miso.co.jp/

P84

日東醸造（株）

〒447-0868
愛知県碧南市松江6-71
TEL 0566-41-0156
FAX 0566-42-7744
http://nitto-j.com/

P86

（株）飯尾醸造

〒626-0052
京都府宮津市小田宿野373
TEL 0772-25-0015
FAX 0772-25-1414
http://www.iio-jozo.co.jp/

P88

（株）角谷文治郎商店

〒447-0843
愛知県碧南市西浜町6-3
TEL 0566-41-0748
FAX 0566-42-3931
http://www.mikawamirin.com/

P90

（株）寺田本家

〒289-0221
千葉県香取郡神崎町神崎本宿1964
TEL 0478-72-2221
FAX 0478-72-3828
http://www.teradahonke.co.jp/

P92

（株）味輝

〒369-0315
埼玉県児玉郡上里町大御堂740-1
TEL 0495-33-4626
FAX 0495-33-4637
http://www.e-panyasan.com/

あとがき

このたび、長年愛してやまなかった麹に関わる料理書を出版することができ、この上ない幸せな気持ちです。

私は、豊かな暮らしのために食や農業、環境のことをまるごと考えるライフスタイルとして、ホールフードという概念を提唱して20年以上になります。そして麹こそ、ホールフードを最も表現している素材であると感じてきました。なぜなら、麹がなければ日本のほとんどの調味料は作ることができません。いい麹を作るには、いい米が必要です。いい米を作るには、いい田んぼがなければなりません。いい田んぼを作るには、農薬や化学肥料を使わず、赤とんぼや微生物が元気にすめる環境を守ることが大切です。豊かな自然を残していくことが、麹をこの国で作り続けることにつながるのです。

出版にあたり、私に麹の素晴らしさを教えて下さった、こだわり醸造食品の流通のパイオニア片山雄介さん、こうじ屋ウーマン浅利妙峰さん、麹の先生の鈴木徳則さんに心よりお礼申し上げます。これからも一緒に、醸していくことを誓います。

著者紹介

タカコ・ナカムラ

山口県出身。大学卒業後、桜沢里真にマクロビオティック料理を師事し、アメリカでWhole Foodを学ぶ。帰国後、安全な素材を使ったお菓子工房「ブラウンライス」を創業。「Brown Rice Cafe」のメニューや「Kanbutsu cafe」をプロデュース。食や健康、環境、オーガニックをトータルに学ぶ「タカコ・ナカムラ Whole Foodスクール」を開校。Whole Food協会を設立し、安全な食や暮らし、豊かな自然を次世代へ伝え続ける。著書に『まるごといただきます』(西日本新聞社)、『"Kanbutsu カフェ "の魔法のレシピ』(実業之日本社)ほか多数。http://wholefoodschool.com/

料理アシスタント　一鍬田朋子、安藤紀子

塩麹《こうじ》と甘酒のおいしいレシピ
料理・スウィーツ・保存食 麹のある暮らし

2011年 2 月15日 第1刷発行
2012年 4 月15日 第15刷発行

著者　タカコ・ナカムラ
発行所　社団法人 農山漁村文化協会
〒107-8668 東京都港区赤坂7-6-1
TEL 03-3585-1141(営業)
03-3585-1145(編集)
FAX 03-3585-3668
振替 00120-3-144478
URL http://www.ruralnet.or.jp/

装丁・デザイン　日比真由美
写真(カバー、P4～76)　野口修二
スタイリング　本郷由紀子
イラスト　鈴木麻子
印刷・製本　凸版印刷(株)

<検印廃止> ISBN978-4-540-10145-8　定価はカバーに表示